Lib. 2297

DES RÉFORMISTES

ET

DE LEURS PROJETS.

IMPRIMERIE DE BAUDOUIN, RUE MIGNON, 2.

DES
RÉFORMISTES

ET

DE LEURS PROJETS,

OU

COUP D'OEIL PHILOSOPHIQUE

SUR LA COMÉDIE DE QUARANTE ANS.

Par J.-M.-M. Redarès.

> Chez un peuple libre, il doit toujours y avoir une opposition de principe et de conviction ; cette opposition doit se renfermer dans les bornes de la vérité et du droit, et s'exprimer avec décence et dignité.

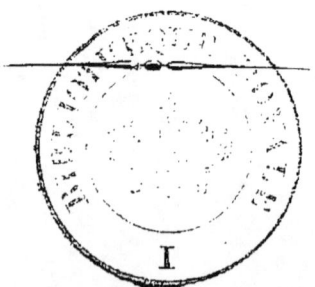

PARIS, CHEZ L'AUTEUR,
RUE DU MARCHÉ NEUF, 12.

1834.

DES RÉFORMISTES
ET
DE LEURS PROJETS.

RÉFLEXIONS PRÉLIMINAIRES

C'était l'heure de la méditation ; j'avais lu les *Paroles d'un Croyant* : cette théorie sociale, basée sur la foi et la charité, ce règne de liberté et de bonheur me parurent d'heureuses fictions, et je me dis : Ce philosophe a fait un beau rêve.

Lorsque la terre, brûlée par le feu des passions, voit tarir dans son sein la sève de la vie morale, le principe fertilisant de la vertu politique[1] est sans force, et les fibres de l'âme ne tressaillent plus au cri de patrie et d'honneur. Alors c'est erreur que de croire que les idées républicaines envahissent l'intelligence et dominent les desti-

[1] L'abbé Barthélemi appelle ainsi l'amour de la patrie.

nées du monde. Ce qui agite et tourmente les peuples, c'est le délire de la licence, c'est le désir effréné de jouir, ce sont les sens de l'homme vieilli qui deviennent de plus en plus insatiables.

Pour vivre dans une indépendance démocratique, il faut avoir une âme perfectionnée par la sagesse et nourrie dans la justice; il faut assouplir l'orgueil humain, niveler les intelligences aussi bien que les conditions, et refouler la nature dans son alvéole primitive.

Toi qui soupires pour un bonheur idéal, et qui, mécontent de ce qui est, voudrais par un coup de foudre renverser le grand édifice de l'ordre politique, homme de Dieu, tu n'es pas dans la voie, tu t'égares et tu n'arriveras pas, quand même tu parviendrais à incendier l'univers. Je ne dis pas que ton erreur tient à une folle ambition, que tu sois un Mahomet; mais tu n'as pas étudié ton espèce, et ton génie a conçu, sans le savoir, le roman de l'orgueil humain. Veux-tu soumettre ta vaniteuse raison à une épreuve cruelle? Veux-tu voir la lumière à travers le prisme de la vérité? Rentre en toi-même, raisonne avec ta conscience.... La nature t'a fait libre; mais depuis que tu es né, as-tu fait quelque chose pour conserver ton droit? T'es-tu dépouillé de cette enveloppe criminelle avec laquelle tu te couches et tu te lèves tous les jours? Ton orgueil, tes vanités, tes prétentions,

L'abbé de La Mennais

ton égoïsme, les as-tu sacrifiés à cette liberté que tu réclames? La société, qui t'a fait ce que tu es, peut-elle se reposer sur ta vertu? et lorsqu'elle t'aura donné l'aile de l'oiseau, parle, sera-t-elle maître de toi comme tu le seras de l'univers [1]?

Tu te plains sans cesse de ton esclavage! et qui l'a créé cet esclavage? Qui t'a ravi ta liberté? Ne réponds pas par des sophismes, ne va pas dire que ce sont les prêtres et les rois. Sans doute quelques ambitieux, quelques téméraires se sont élevés au-dessus de la loi commune et ont violé le droit de tous; sans doute le génie et la force ont commencé l'usurpation et l'arbitraire; mais les Nemrod, les Thermosiris, enfin la race des tyrans se serait-elle perpétuée, si nos vices et nos passions ne lui avaient assuré une existence éternelle?

Tu n'es pas content des hommes du pouvoir; avec ta dialectique de prophète, tu les poursuis jusque dans le sanctuaire, et leur reproches tous les crimes des fourbes et des parjures. Prends-y garde, c'est là le langage de tous ceux qui veulent parvenir; et toi, tu veux rester pur de toute ambition. Mais laissons tout ce que ton jugement a

---

[1] « Mais, quelques efforts que nous fassions, nous ne pourrons jamais parvenir à rendre cette raison souveraine de tous nos désirs, et il y aura toujours, dans notre âme comme dans notre corps, des mouvemens involontaires; car nous ne sommes ni sages, ni libres, ni sains que dans un très-petit degré. (Voltaire, lettre au roi de Prusse.)

nées du monde. Ce qui agite et tourmente les peuples, c'est le délire de la licence, c'est le désir effréné de jouir, ce sont les sens de l'homme vieilli qui deviennent de plus en plus insatiables.

Pour vivre dans une indépendance démocratique, il faut avoir une âme perfectionnée par la sagesse et nourrie dans la justice; il faut assouplir l'orgueil humain, niveler les intelligences aussi bien que les conditions, et refouler la nature dans son alvéole primitive.

Toi qui soupires pour un bonheur idéal, et qui, mécontent de ce qui est, voudrais par un coup de foudre renverser le grand édifice de l'ordre politique, homme de Dieu, tu n'es pas dans la voie, tu t'égares et tu n'arriveras pas, quand même tu parviendrais à incendier l'univers. Je ne dis pas que ton erreur tient à une folle ambition, que tu sois un Mahomet; mais tu n'as pas étudié ton espèce, et ton génie a conçu, sans le savoir, le roman de l'orgueil humain. Veux-tu soumettre ta vaniteuse raison à une épreuve cruelle? Veux-tu voir la lumière à travers le prisme de la vérité? Rentre en toi-même, raisonne avec ta conscience.... La nature t'a fait libre; mais depuis que tu es né, as-tu fait quelque chose pour conserver ton droit? T'es-tu dépouillé de cette enveloppe criminelle avec laquelle tu te couches et tu te lèves tous les jours? Ton orgueil, tes vanités, tes prétentions, ton égoïsme, les as-tu sacrifiés à cette liberté que tu réclames? La société, qui t'a fait ce que tu es, peut-elle se reposer sur ta vertu? et lorsqu'elle t'aura donné l'aile de l'oiseau, parle, sera-t-elle maître de toi comme tu le seras de l'univers [1]?

Tu te plains sans cesse de ton esclavage! et qui l'a créé cet esclavage? Qui t'a ravi ta liberté? Ne réponds pas par des sophismes, ne va pas dire que ce sont les prêtres et les rois. Sans doute quelques ambitieux, quelques téméraires se sont élevés au-dessus de la loi commune et ont violé le droit de tous; sans doute le génie et la force ont commencé l'usurpation et l'arbitraire; mais les Nemrod, les Thermosiris, enfin la race des tyrans se serait-elle perpétuée, si nos vices et nos passions ne lui avaient assuré une existence éternelle?

Tu n'es pas content des hommes du pouvoir; avec ta dialectique de prophète, tu les poursuis jusque dans le sanctuaire, et leur reproches tous les crimes des fourbes et des parjures. Prends-y garde, c'est là le langage de tous ceux qui veulent parvenir; et toi, tu veux rester pur de toute ambition. Mais laissons tout ce que ton jugement a

---

[1] « Mais, quelques efforts que nous fassions, nous ne pourrons jamais parvenir à rendre cette raison souveraine de tous nos désirs, et il y aura toujours, dans notre âme comme dans notre corps, des mouvemens involontaires; car nous ne sommes ni sages, ni libres, ni sains que dans un très-petit degré. (Voltaire, lettre au roi de Prusse.)

d'exagéré et d'injuste. Tu ne comptes pour rien le passé; tu ne veux pas établir de parallèle entre ce qui a été et ce qui sera. Eh bien! jette un regard sur tes contemporains; choisis parmi eux tout ce qu'il y a de plus pur en patriotisme et en moralité [1], et, la main sur la conscience, dis-moi si ceux que tu choisiras vaudront mieux que les autres lorsqu'ils seront élevés à leur rang?

Non, homme de Dieu, en combinant ton système de perfectibilité, tu n'as pas apprécié à sa juste valeur l'espèce humaine; tu n'as pas étudié en philosophe les caractères spécifiques qui l'ennoblissent ou la dégradent; tu n'as pas vu que nous sortons des mains de la nature avec les stygmates des vices et des vertus, et ton génie a méconnu les bornes que la Divinité a posées à l'intelligence.

Toutefois, je suis homme, je puis m'égarer. Que sais-je? Peut-être je me perds moi-même dans de pénibles et cruelles erreurs; peut-être que ce que je prends pour la vérité n'est qu'une illusion flatteuse, un vague sentimental qui domine ma raison. Qui sait si mon esprit ne s'est pas trop appesanti sur les faits historiques, sur les caractères généraux de l'espèce? L'écrivain que je blâme est un philosophe religieux; il a sa probité,

---

[1] Madame de Staël appelle moralité la stricte exécution des usages établis. J'emploie ici ce mot pour probité, droiture d'esprit.

sa conscience, sa conviction; ne portons pas sur le fruit de sa vaste imagination un jugement précipité; voyons si la colonne sociale qui s'élève depuis la naissance du monde offre quelques points analogiques avec son système, et soudain j'ai ouvert l'histoire du genre humain. Partout j'ai vu la lumière à côté des ténèbres, et les vices à côté des vertus; partout j'ai vu l'homme et rien que l'homme, je veux dire un être soumis, comme tous les autres, aux lois immuables de la nature, et portant avec lui un germe de vie et de mort. Passant au mécanisme de la sociabilité, j'ai jeté un regard dans le lointain des âges, et j'ai vu les plus belles institutions, les plus heureuses découvertes se corrompre et se perdre avant même de vieillir; j'ai vu les peuples qui ont eu un caractère politique, s'éclipser dans le néant du vice aussi rapidement qu'ils s'étaient élevés par l'ascendant de la vertu. Étonné de ce que les mêmes causes qui les ont fait disparaître de la terre se reproduisent parmi nous avec une effrayante vérité, je me suis demandé si ce funeste retour ne serait pas le fruit de cette force dissolvante qui pèse sur toutes les créations et entraîne toutes les existences.

Sans doute nous ne sommes pas arrivés au point de dégradation morale où le despotisme des passions jeta les Grecs et les Romains; mais l'horizon se couvre de ce rouge sombre et animé qui précède la tempête, et le vent de la destruction souffle sur les nations décrépites de l'Europe. Déjà le génie [1] qui fouille l'avenir voit l'homme social fuir comme la vague de la vie dans l'océan de l'éternité; déjà il entonne l'hymne de la mort et pleure sur le tombeau de la vieille patrie; mais ses lamentations prophétiques ne retentissent point dans les cœurs. L'égoïsme a tout envahi; il a desséché le sentiment, et n'a laissé à l'homme que l'attrait de la vie animale.

Je suis sur la terre de la philosophie comme le navigateur sur une mer inconnue. Je médite la découverte, je convoite la vérité, je cherche le type de cette république modèle qui doit donner au monde la béatitude sociale. Je voudrais pouvoir, par quelques solides raisons, justifier et défendre Saint-Simon, Condorcet, de La Mennais et tous ceux qui ont cru à la perfectibilité politique; car moi aussi j'aime la patrie et la liberté; mais partout, dans les causes et dans les effets, je trouve une constance qui me désespère; toujours un flux et reflux de lumières, toujours des variantes gouvernementales, toujours une roue qui tourne sur elle-même, et rien qui m'annonce que la société marche vers la perfection.

Bien au contraire, une anomalie singulière qui frappe mon esprit repousse loin de moi toute idée d'espérance. Dans la marche ascendante des peuples, le progrès des esprits amène la désaffection

---

[1] Châteaubriand, *Avenir du monde.*

et l'indifférence des cœurs; et plus la raison se fortifie, plus les liens de mutualité s'affaiblissent. D'où naît la cause de ce bizarre contraste? Par quelle fatalité le fleuve de la vie sociale se trouve empoisonné dans son cours, alors que les lumières devraient lui assurer une existence pure et durable?

Dépouillons-nous de toute vanité, lisons sans prévention dans le grand livre de nos misères; car enfin c'est là que se doit trouver la vérité.

Si l'esprit humain a une force d'activité qui le pousse sans cesse vers la perfection, il a aussi une marche aventureuse et vagabonde qui l'éloigne trop souvent de sa sublime destination. Entré dans l'immense voie du progrès, son action n'est ni libre ni assurée; il est dominé par la force brutale des sens, et il se trouve toujours entre la vérité qu'il désire et l'erreur qui l'entraîne.

Cette influence du mauvais génie sur le bon est la cause première de toutes les épidémies sociales; elle corrompt les qualités naturelles de l'homme, pervertit son caractère de douceur et de bonté, et le rend de tous les êtres le plus redoutable à son espèce. Le législateur, dans le silence de la méditation, étudie, analyse cette étrange métamorphose; il en découvre la funeste origine. Il voudrait, par les privations et la contrainte, diminuer la force attractive des deux puissances de la vie; mais la nature lui crie : Les vices sont ma propriété aussi bien que les vertus; respecte moi droit, et souviens-toi qu'il n'est pas en ton pouvoir de faire que je ne sois pas ce que je suis. Il faut céder à cette voix souveraine, il faut accommoder les institutions aux goûts d'une volonté tyrannique. Ainsi les lois deviennent l'expression fidèle des mœurs, et les mœurs n'étant que les habitudes et les vices continuels de l'esprit et du cœur, on arrive rapidement à l'époque où l'égoïsme des sens et le despotisme des passions dominent souverainement les hommes.

Alors les ressorts de la vie politique sont brisés; le peuple perd dans de faux plaisirs et dans les calculs d'un avide égoïsme sa force morale et toute sa dignité; alors plus d'esprit public, plus de nationalité, plus de patrie. En vain la vertu républicaine cherche, par intervalle, à rallumer le feu sacré du patriotisme, en vain elle assassine César; après César vient le triumvirat, après le triumvirat Auguste, après Auguste la tyrannie et ensuite la mort de l'empire romain. Que si, pendant cette fièvre ardente qui consume une grande nation, il paraît quelques beaux génies capables d'enfanter de puissans moyens de salut, ils font comme ces étoiles qui brillent dans le désert, ils éclairent une terre aride et sans vigueur. Du reste, que peuvent tous les génies de la terre, lorsque le temps déroule avec une froide immobilité sa page mortuaire?

Ne jugeons pas le présent par le passé, dit le croyant. Ce bruissement sourd qui se prolonge dans le monde comme le tonnerre dans les airs, ce trouble, cette irritabilité des esprits sont les signes naturels d'une transformation future; c'est la société qui opère, dans une longue et pénible convulsion, sa dernière mue. Faciliter son sublime travail, détruire, brûler l'enveloppe impure et grossière qui la couvre, c'est le devoir d'un philosophe, c'est l'œuvre sainte de l'homme du progrès. Voyez, dit encore le passionné démocrate, ce monstre hideux qui paralysait le mouvement et retardait l'émancipation de l'homme, il expire sous les foudres de la liberté, et c'est son agonie qui ébranle la terre.

Voilà donc, enfans de l'orgueil, votre croyance. La société, selon vous, se régénère, le despotisme est vaincu, une ère de bonheur signalera le temps qui va naître. Oh! délire de l'imagination! image fidèle de notre invariable faiblesse! Des philosophes disent ce que d'autres philosophes ont dit, des peuples s'enivrent de l'illusion qui a séduit tant d'autres peuples; ainsi la folie et la raison, la vérité et l'erreur s'enchaînent, et suivent d'un pas égal toutes les phases de la vie sociale; l'esprit de l'homme devient en grandissant l'enthousiaste du présent et le poète de l'avenir. Impressionné par le brillant période du progrès, et fier de sa force et de son indépendance, il se perd dans sa propre vanité, il sème partout la fiction et l'allégorie, et fait une épopée de l'histoire de ses variations. En vain la raison lui dit : sois humble, ne dédaigne pas l'expérience des siècles ; derrière toi il n'existe que des ruines. L'Asie a vu naître des nations douées d'un instinct de moralité et d'une force de vertu peu commune, et ces nations ne sont plus ! Les siècles de Périclès et d'Auguste n'ont fait que naître et mourir. Où sont les choses, où sont les hommes, où sont les célébrités et les merveilles de ces temps heureux où, à l'ombre des vertus patriarcales, la société semblait marcher sans ébranlement et sans désordres vers la perfection et le bonheur ? Quelques lambeaux d'histoire que les vers ont épargnés, quelques débris que les Vandales ont oubliés dans leurs courses ; voilà l'ombre de cette prospérité passagère de l'esprit humain ; et depuis six mille ans de combat contre l'égoïsme et l'ignorance, nous ne sommes encore que des barbares civilisés.

Plus de quarante ans se sont écoulés depuis qu'un partisan de la démocratie [1] disait à la tribune nationale, en parlant d'une importante découverte [2] : « Les philosophes, les publicistes
« n'ont su lire l'avenir que dans le passé, et lors-
« qu'une nouvelle cause de perfectibilité, jetée
« sur la terre, leur présageait des changemens
« prodigieux parmi les hommes, ce n'est que dans
« ce qui a été qu'ils ont voulu regarder ce qui
« pouvait être, ce qui devait être. Elevons-nous

---

[1] Sieyes.
[2] L'imprimerie.

« à de plus hautes espérances ; sachons que le
« territoire le plus vaste, que la plus nombreuse
« population, que tout se prête à la liberté. Pour-
« quoi, en effet, un instrument qui saura mettre
« le genre humain en communauté d'opinion, l'é-
« mouvoir, l'animer d'un même sentiment, l'unir
« du lien d'une constitution vraiment sociale,
« ne serait-il pas appelé à agrandir indéfiniment
« le domaine de la liberté et à prêter à la nature
« même des moyens plus sûrs pour remplir son
« véritable dessein ? »

Eh bien ! depuis cette époque on a imprimé
et écrit, on a dit et fait tout ce qu'il est possible
de dire et de faire sur le bonheur public, sur les
moyens d'arriver à la perfectibilité politique. Du
volumineux travail de la génération éteinte et de
celle qui s'éteint sont nés quelques systèmes,
quelques théories ; les lumières se sont un peu
plus répandues, le peuple a un peu mieux compris sa dignité ; il a poli sa chaîne et lui a donné
une dénomination moins humiliante. Ce n'est
plus de par le roi, c'est de par la loi qu'il porte
ou qu'il est sensé porter le joug. Cet imperceptible
progrès social, ce petit degré de science politique
nous servirait peut-être à quelque chose, si on
s'était appliqué à détruire les vices de l'organisation morale ; mais on n'a rien fait pour corriger
les hommes, et les hommes ne se sont point cor-
rigés ; ils sont les mêmes que dans tous les temps.
Levons le masque, et nous verrons que depuis

Adam la grande famille n'a rien perdu de ses habitudes et de ses penchans. L'orgueil croît avec la science : nous nous disons meilleurs que nos pères, nous croyons pouvoir monter dans l'Olympe et prendre place parmi les immortels. En cela nous sommes les Sosies, les analogues de ces peuples éclairés qui coulèrent dans le néant avec leurs sottes vanités et leurs belles espérances.

Je ne suis point l'apologiste du fatalisme ni le disciple de Lavater et de Gall, physiologistes de la nature; je ne crois pas que les vices et les vertus croissent comme les champignons, chacun sur un terrain qui leur est propre; je trouve au contraire que le bien et le mal sont indistinctement, mais généralement répandus, et qu'ils font partie constituante de la fragile humanité. Je dis donc qu'on peut greffer, perfectionner, embellir un sujet, mais non détruire son type originaire. Dieu a travaillé une fois, dit l'Ecriture, et c'était pour débrouiller le chaos et former l'univers. Depuis lors, tout ce qui a reçu l'être a suivi le cours de son origine, et le mouvement est resté immuable comme la main qui le créa. Je ne puis donc croire que le père de la nature, déniant son infaillibilité suprême, changera l'ordre établi. Placé dans le cercle des réalités, je ne soupire pas pour une perfectibilité chimérique; mais je crois que l'homme est né bon, qu'il peut, à l'aide de la raison, devenir juste et sage, et par conséquent arriver à un meilleur état. Comme citoyen, comme enfant de la patrie, je désire que nos progrès et nos lumières nous servent à corriger nos vices, à combattre nos passions, à nous rendre plus doux, plus simples, plus hospitaliers dans nos mœurs, plus grands, plus généreux, plus francs dans nos liaisons; je voudrais moins de ces petits riens qui amusent les grands enfans et occupent tant d'inutiles personnages; je voudrais que la génération naissante ne fût point élevée à l'école du matérialisme, qu'elle ne fût point sous l'influence de cette philosophie désorganisatrice qui a enfanté le siècle de l'égoïsme et qui fait tous les jours tant de mauvais citoyens. Alors peut-être formerions-nous une race d'hommes qui pourraient voir en face la liberté. Convaincu comme je le suis qu'on ne peut améliorer l'état moral de la société que par la persuasion et par l'exemple, je m'élève contre tout système, contre toute combinaison machiavélique qui, pour arriver à ce but, veut commencer par les désordres et les crimes. Je n'ai pas besoin de m'expliquer sur les révolutions, leur histoire peut s'apprendre sans commentaires, et celui qui dit que celle qu'on ferait dans l'intérêt du peuple serait meilleure que les autres est un ambitieux ou un fanatique.

CE QUE VEULENT LES RÉFORMISTES.

Oui, l'état social peut s'améliorer; oui, nous pouvons être mieux que ce que nous sommes, et faire mieux que ce que nous avons fait; mais ce n'est pas en renversant ce qui existe que nous atteindrons ce point de mire. L'union, l'ordre et la paix sont essentiellement nécessaires au développement de l'intelligence et à la marche progressive de la civilisation. Et, il faut l'avouer, non-seulement le peuple français, mais tous les peuples de la terre, comprennent merveilleusement cette vérité. Ils ont un instinct de sagesse qui les attache si fortement à ces trois vertus politiques, qu'il faut, ou un insupportable despotisme, ou la fourberie de quelques grands scélérats, pour les éloigner de ce que je me permettrai d'appeler la routine légale du bonheur public. Mettre le peuple en cause, prétendre qu'il partage les querelles des partis et leur mauvaise foi, c'est être absurde ou méchant. Ce murmure improbateur, ce désordre permanent des esprits, ce conflit d'opinions, cette guerre de parti qu'on observe dans les hautes régions des intelligences sociales, ont une cause qui tient plus à l'immoralité de quelques-uns qu'au mécontentement de tous. Il est du devoir d'un bon citoyen, d'un vrai philosophe de la chercher et de la combattre; mais il est peu d'hommes en état de le faire avec bonne foi et désintéressement. Par le temps qui court, ce n'est pas tant le bonheur public que la fortune que l'on cherche. L'argent est l'aiguille aimantée du siècle, la boussole du navigateur politique. Les talens les plus élevés, les qualités les plus nobles sont devenus des marchandises courantes. Le publiciste, le littérateur, se vendent pour de l'argent. Celui qui défend la cause du peuple l'abandonne et se vend pour de l'argent; celui qui se plaint et murmure contre l'ordre de choses, se tait pour de l'argent. Si le dénouement n'était pas toujours le même, si, depuis quarante ans, nous n'avions pas vu constamment jouer au jeu ôte-toi de là que je m'y mette; si, enfin, dans l'espèce de charlatans politiques nous avions pu découvrir une variété perfectible, nous pourrions dire : ne jugeons pas l'avenir par le passé; essayons encore de ceux-ci, sacrifions encore quelque quinze ans à expérimenter nos nouveaux docteurs; mais non, parmi les mécontens, pas un anomale, pas une individualité; tout est homogène, tout se ressemble : c'est l'égoïsme incarné qui convoite la fortune et les honneurs.

N'est-ce pas cruel de voir avec quel acharnement les frelons de la patrie ont déchiré son sein, avec quelle rage dévorante ils ont desséché, pendant vingt ans, l'arbre de la prospérité publique? Que veut-on encore? aller jusqu'au cœur, laisser à nos ennemis le soin d'anticiper le sort que notre égoïsme et nos passions nous préparent? N'avons-nous pas assez passé par la filière de la trahison et de la perfidie? n'avons-nous pas assez vu de scandales politiques? faut-il encore nous donner le spectacle de quelques tours de Scapin, et voir vendre la fidélité et le serment à un autre Bourbon ou à un second Robespierre? Voyez la fourmilière d'intrigans comme elle s'agite; écoutez son éternel et pitoyable langage : « La révolution de juillet est le fruit d'une erreur populaire; elle a produit un monstrueux système de réaction qui tue toutes les libertés et compromet toutes les espérances. Il faut arrêter le roi, qui court au despotisme de Napoléon; arrêter les ministres, qui font de l'arbitraire comme les Maupeou et les Vergenne; patriotiser la pairie, qui s'inféodalise et se prête au régime du bon plaisir. » Ce qui veut dire, en style de réformiste, changeons la royauté, renversons le gouvernement, déplaçons les hommes. Et voilà la continuation de la sornette de quarante ans, avec laquelle les ambitieux de toutes les couleurs ont tant de fois endormi notre crédule patrie.

Oh! Napoléon, où es-tu? où est cet esprit de force et d'action qui commandait le respect et la confiance? Alors la France, heureuse et puissante, ne voyait pas ses destinées jouées à la Bourse et dans les salons; alors, quoi qu'on en dise, le génie pouvait voler sans contrainte ; les sciences, la littérature et les beaux-arts ne connaissaient point d'entraves, et la liberté était aussi bien pour le citoyen Dupuis que pour M. de Châteaubriand. Seulement on disait aux journalistes : respectez l'ordre établi et cette volonté souveraine qui fait que nous sommes riches, grands et redoutés ; et ce commandement assurait la paix publique, inspirait la confiance, resserrait le lien social, et donnait de la force et de l'élasticité à toutes les branches de l'industrie nationale. Ce n'est pas moi, qui ai vu, dans ce temps de bonheur et de gloire, les réformistes de 1789 se courber humblement devant le héros, l'encenser, le choyer, faciliter ce qu'on appelle son despotisme, le suivre dans le torrent de ses prospérités, et ensuite l'abandonner, le trahir à Waterloo, le reléguer à l'île d'Elbe, et formuler un acte de déchéance où tous les crimes des tyrans lui sont reprochés; ce n'est pas moi, dis-je, qui conseillerai au roi des Français d'être la plus grande inutilité de son royaume, en restant isolé de l'action souveraine du rouage politique.

Je lui dirai plutôt : Sire, régner et gouverner sont deux choses inséparables, et quand on veut l'une il faut nécessairement savoir faire l'autre. Elle est belle, sans doute, la fiction constitutionnelle qui fait d'un roi une idole muette ; mais la raison, qui ne reconnaît pas le dogme lorsqu'il est fondé sur des idéalités politiques, veut, avant tout que vous soyez roi ; je veux dire, ferme, courageux et supérieur à tout, soit dans l'action, soit dans le conseil.

Elle veut que, dans ce temps de perturbation et de licence, vous ayez la force de caractère qu'il faut pour dominer tous les hommes, toutes les passions, tous les partis ; ce rare discernement, si nécessaire pour éviter les écueils qui entourent une royauté naissante, pour savoir le point précis où il faut, soit suivre, soit franchir l'opinion ; ce génie enfin qui voit tout, qui règle tout, qui pourvoit à tout, qui conduit la masse et distribue les détails, s'occupe à la fois des dangers et des institutions, des personnes et des choses, de la prospérité des gouvernés et du salut des gouvernans.

Jusqu'ici l'homme politique, qui voit les choses avec les yeux de la raison, n'a rien à vous reprocher : vous avez marché d'écueils en écueils, d'abîme en abîme, et votre sagesse a tout prévu, tout bravé pour arriver au but tant désiré de la paix et du bonheur public. Continuez, sire, de protéger le mouvement social ; soyez toujours l'âme du progrès politique, et la France et l'Europe diront, avec raison, que c'est vous qui avez fermé l'abîme des révolutions.

CLASSIFICATION DES RÉFORMISTES,

HABITUDES ET MOEURS DE L'ESPÈCE.

Je ne veux point faire ici le procès des réformistes, ni leur demander un compte rigoureux de ce qu'ils ont fait contre la vieille royauté de 1789, contre la royauté constitutionnelle de 1791, contre le gouvernement révolutionnaire de 1793, contre le gouvernement conventionnel de l'an III, contre les directoires de prairial et de fructidor, contre le consulat, contre l'empire, contre Louis XVIII, contre Charles X. Persuadé que le réformisme est un métier comme un autre, et qu'il faut laisser faire à chacun son métier, je me tairai sur leur mode d'opérer pour arriver à la fortune et aux honneurs. Mais les réformistes de 1834 ne veulent pas être les imitateurs de leurs devanciers, ils ne veulent pas être sortis de l'école bâtarde et surannée de nos vieilles perruques républicaines et féodales; ils disent que leurs faits, gestes et discours ne ressemblent en rien à ce jeu théâtral, à cette pantomime dramatique avec lesquels tous les partis se sont tour à tour heurtés, poussés, tombés, relevés, et toujours avilis. Il faut bien leur apprendre que dans l'ordre politique les espèces ne varient pas plus que dans l'ordre naturel, et que les intrigans et les fourbes ont, comme les cigales et les hannetons, leurs caractères propres.

Je me suis demandé plus d'une fois pourquoi les réformistes de 1834 ne veulent pas avoir d'origine, pourquoi ils s'obstinent à vouloir être une tribu nouvelle de nos modernes sociétés. Le trop d'orgueil, me suis-je dit, nous rend ridicules; il est absurde de ne vouloir ressembler à personne lorsque tant de monde nous ressemble. Le réformisme est ancien : on l'a exercé et on l'exerce partout où il y a des ambitieux, je veux dire dans les plus petits coins de la terre. Du reste, il n'y a pas de sots métiers, et encore moins de déshonneur de se placer au rang des Luther et des Washington. Mais, en méditant sur cette bizarre opiniâtreté, j'ai vu qu'elle était le fruit d'un calcul intéressé et d'une adroite hypocrisie. Les réformistes politiques de 1834 ne veulent pas être sortis de l'espèce de réformistes de nos époques révolutionnaires, parce que les individus de cette espèce n'ont pas eu dans le monde une conduite exemplaire, et que la plupart d'entre eux ont trompé, pillé, trahi et vendu leur patrie. Je conçois combien il est désagréable de ressembler à de pareilles gens; mais enfin, lorsqu'on leur ressemble, je crois qu'il vaut mieux encore paraître tel qu'on est que de vouloir être ce qu'on n'est pas.

D'abord, établissons notre classification ; disons ce que nous entendons par réformistes, afin d'éviter de fâcheuses équivoques.

Il paraît dans le monde, par longs intervalles, un petit nombre d'hommes capables, doués d'un esprit fort et d'un génie supérieur, qui, dédaignant les avantages de la fortune et toutes les douceurs de la vie, se placent au milieu des aglomérations humaines, et, avec la serpe délicate de la philosophie, émondent les sauvages aspérités de la force usurpatrice, corrigent les vices et les abus des mauvais gouvernemens, et ramènent aux principes de la nature et de la raison les institutions politiques et les croyances religieuses; ceux-là font l'office des dieux sur la terre, et l'on doit les honorer et les bénir.

Le réformiste de nos sociétés modernes est un caméléon adroit qui, pour arriver, se pare des couleurs qui plaisent à la multitude; il se dit l'ami du peuple, le défenseur-né de sa souveraineté ; il se couvre du manteau du philosophe, il parle le langage de l'économiste et du philantrope : c'est un tribun passionné, un censeur sévère, un modèle de franchise et de loyauté : quand il parle ou qu'il agit, ce n'est ni pour lui, ni pour Henri V, ni pour la république ; c'est pour la justice et la raison, c'est pour le peuple. Quelque grands que soient ses vices et ses passions, il les refoule, il les enchaîne dans le fond de son cœur; pour ne mettre en évidence que le beau de la nature humaine : seulement, lorsque la fortune lui permet de lever le masque, il fait comme l'insecte qui est arrivé au dernier période de sa croissance, il se détache de ses liens et se montre sous sa forme naturelle.

On conçoit qu'un réformiste, tant qu'il est réformiste, est un être sur lequel on ne peut trop rien dire, puisqu'il semble posséder toutes les vertus qui commandent le respect. Et, il faut l'avouer, ce Tartufe qui se cache si bien, qui sait si bien se composer, se mortifier, se dominer, joint à une rare prudence une finesse de tact qui étonne; il a conçu le dessein de parvenir, et il l'a médité avec sagesse. Avant de partir, il a fait l'itinéraire de son ambition; il a tout calculé, tout prévu; il sait où il va et comment il faut arriver : aussi on ne le voit jamais s'embourber dans une fausse route et entrer dans la lice avec des armes nouvelles; c'est toujours dans le grand sentier du droit qu'il marche, et avec la logique de la raison qu'il se défend. Ce n'est pas qu'il en veuille beaucoup à ceux qui font de la sotte politique ou de la mauvaise administration; sa rancune ne va pas plus loin que le succès, et les Villèle, les Peyronnet deviennent les plus honnêtes gens du monde, du moment qu'ils lui ont fait la politesse de lui céder le pouvoir. Comme il ne voit les hommes qu'avec les yeux de son égoïsme, tout ce qu'il dit, soit qu'il loue ou qu'il blâme, est calculé sur sa passion, et les œuvres de son esprit ne sont autre chose que les nécessités de son cœur? Voilà pourquoi, hors de son atmosphère, il est indifférent, lâche, inhumain, ingrat et perfide.

Il connaît l'inconstance du peuple des grandes cités, sa légèreté, son habitude de murmurer et de se plaindre; le plaisir qu'il prend lorsqu'il voit gourmander, persifler, ridiculiser ceux qui le gouvernent, et il ne manque pas de partager ses goûts et de se prêter à tous ses caprices, sous prétexte de le protéger et de le défendre. Il a des journaux pour censurer les actes des ministres, des journaux pour tourner en ridicule leurs personnes, des journaux qui ont une langue de convention que le simple vulgaire comprend, et qu'il n'est pas permis à la justice d'interpréter; langue avec laquelle on dit tout ce qu'on veut contre le chef du gouvernement, contre sa famille, contre tous ceux qui lui sont dévoués; et cela, parce que nous vivons sous un régime représentatif, et que les opinions sont libres. Comme c'est toujours dans des vues patriotiques et avec bonne foi qu'il est censé lancer la satire et verser le ridicule, le peuple s'enthousiasme pour cet habile avocat; il chante ses vertus, il proclame ses talens; et bientôt il se trouve, sans le savoir, un grand citoyen, un orateur illustre. Alors son orgueil et ses prétentions commencent à s'épanouir : il se fait rechercher, et met à prix son génie doctoral. Si le monarque ou les ministres flattent son ambition par de belles promesses, il reste un moment tranquille, il balance, il louvoie, il fait le malade, il court de Paris à la campagne et de la campagne à Paris, et il ne se dessine et ne reprend une physionomie que lorsqu'il est satisfait. Si, au contraire, le gouvernement le repousse, il redouble d'énergie dans l'attaque; il n'y a pas de petits oublis, pas de petites négligences dont il ne fasse un grand crime. Son esprit, fertile en ressources et versé dans le cabalisme révolutionnaire, a toujours une interprétation fâcheuse à donner sur les actes du pouvoir, sur les variations, quelquefois impérieuses, de sa politique. Mais, quoi qu'il dise, quoi qu'il fasse, il est toujours monté sur les principes, et il ne perd jamais l'équilibre : du reste, peu lui importe alors que le pouvoir le poursuive; il a son parti, il est devenu une puissance; plus il est poursuivi, plus il est connu et lu. En vain le procureur général Séguier lance contre Linguet ses anathèmes accusateurs, en vain le parlement l'exile et met ses œuvres au pilori, le nom de Linguet court les villes et les faubourgs, et ses *Annales littéraires* le suivent partout.

MANIÈRE
DE RECONNAÎTRE UN RÉFORMISTE.

Toutefois, si on ne peut soumettre le réformiste à l'analyse, s'il échappe à la subtile investigation de la pensée, on peut l'apprécier par analogie. Malheureusement pour lui, cette manière de procéder pour arriver à le connaître est saillante; et, quand on compare les générations entre elles, on se trouve convaincu que les invariables habitudes de l'espèce entière sont des vérités historiques que le passé lègue à l'avenir.

En 1789 comme en 1834, les réformistes étaient à cheval sur les principes; ils voulaient la liberté et l'égalité pour tous, et une représentation large. Surtout, disaient-ils, point d'impôts onéreux, point de faveurs, point de privilèges : la société est un être moral, un tout homogène, qui ne peut vivre que par une conformité d'actions et de principes ; les droits de l'homme et du citoyen doivent servir de règle au législateur pour la confection des lois, et à l'homme d'état pour conduire le peuple à la prospérité et au bonheur. Paris, à cette époque mémorable, possédait trois cent soixante-cinq journaux et de nombreux écrivains politiques. Il fallait voir avec quel rare talent les Mirabeau, les Rabot de Saint-Etienne, les Chapellier, les Saint-Just, les Robespierre, etc., etc., développaient, dans leurs feuilles périodiques [1], le système libéral et philantropique de la nouvelle organisation sociale. On les aurait pris pour des anges descendus du ciel pour éclairer les hommes, tant ils étaient justes et conséquens dans leurs discours. Le peuple, qui n'avait jamais entendu de pareils professeurs, criait au miracle, et les cent voix de la Renommée ne suffisaient pas pour porter au bout du monde les merveilles des disciples de Saint-Simon, de Condorcet et de Raynal.

Alors la vieillesse du corps politique, le délabrement du système gouvernemental, facilitaient à tous les ambitieux la route de la célébrité et de la fortune. Sans doute, alors les réformistes avaient une brillante carrière à parcourir et un beau rôle à jouer : ils pouvaient renouer le lien fédéral, faire revivre l'antique simplicité de notre législation primitive, restituer au peuple des libertés que la féodalité avait usurpée, et rétablir les franchises nationales. Tout le monde convenait que de grands changemens étaient nécessaires : Louis XVI, qui voulait le bonheur de son peuple,

[1] Alors presque tous les réformistes avaient des journaux à eux.

Necker, qui soupirait pour l'amélioration du système administratif, convaincus du patriotisme des réformistes, leur accordaient tout, et se laissaient conduire l'un et l'autre par le mouvement insurrectionnel qu'on appelait alors, comme aujourd'hui, le progrès.

Le parti de la réforme, ayant pour appui le monarque et pour règle l'opinion, devint bientôt le parti dominateur. Employa-t-il ses avantages dans le seul intérêt de la liberté et des droits du peuple? n'est-ce pas autant pour déplacer le pouvoir, les fortunes et les conditions, que pour aplanir les inégalités politiques, qu'il usa de sa force et de son influence? La postérité a déjà décidé la question; mais il n'est pas étranger à notre sujet de rappeler quelques situations du drame révolutionnaire, afin de pouvoir apprécier le talent des acteurs. Il est naturel de penser que la nation, en constituant ses mandataires, limita leurs pouvoirs; elle dut leur dire ou être sensé leur avoir dit : défendez ma cause, établissez les principes et les droits, et soyez en tout justes et raisonnables. D'après cette volonté souveraine, les réformistes pouvaient épurer, corriger, mais non pas détruire. Ils pouvaient modifier le principe du gouvernement, mais non pas lui substituer une république. Il serait absurde de croire que la nation aurait dit à ses représentans : allez à Paris dépouiller le roi de son autorité, violer le droit de propriété, et faire du désordre et de l'arbitraire¹. Les nations elles-mêmes ne se livrent pas à de tels excès lorsqu'elles se soulèvent contre une puissance tyrannique, et cependant voilà ce que firent les réformistes. Mais enfin lorsque, par ce revirement général, ils se trouvèrent les maîtres, ils auraient dû, ce me semble, se conformer aux principes qu'ils avaient proclamés, être les hommes du peuple et de la loi, et faire oublier leur usurpation par une conduite franchement libérale ; et ce fut alors que la rage du vandalisme s'empara de leur esprit ; alors, dis-je, ils proscrivirent, ils décimèrent, et firent de la terreur et de la tyrannie comme les Néron et les Tibère, et, dans leur déplorable aveuglement, ils poussèrent la cruauté jusqu'à la barbarie. Lorsque Tallien annonça à la Convention que les transfuges de Quiberon avaient imploré sa miséricorde, et que, contre le vœu des généraux et des soldats de l'armée républicaine, il les avait fait massacrer, la Convention décida que lui, Tallien, avait bien mérité de la patrie.

¹ On ne doit pas oublier que les hommes politiques de 1789 se divisent en trois catégories. La première comprend ceux qui soutenaient l'ancien ordre de choses ; la seconde, ceux qui voulaient les réformes que le temps et les lumières rendaient nécessaires, et qui voulaient les opérer sans revirement et sans désordre ; la troisième comprenait les hommes ambitieux et passionnés, qui voulaient presser, anticiper toutes les choses. Ce sont ceux-là que j'entends désigner.

Dans des hommes qui ont une forte conviction politique, et qui portent l'amour de la liberté jusqu'au fanatisme, tout cela peut se concevoir : je dis plus, tout cela a le mérite d'une vertu patriotique poussée à l'excès. Mais les réformistes de 1789, pour en agir ainsi, avaient-ils l'âme des Brutus ou des Caton ? Se poignardaient-ils lorsqu'ils voyaient leur cause perdue ? ou devenaient-ils martyrs de leur foi ? Non, sans doute, non; au lieu d'être inébranlables dans leur croyance et attachés jusqu'à la mort au principe de la liberté républicaine, ils variaient selon les circonstances; ils composaient avec les influences politiques, ils se déchiraient les uns les autres, ils se disputaient le pouvoir à coup d'échafaud, et toujours le vaincu s'humiliait devant le vainqueur. Les sénateurs romains, après avoir rempli la tâche que leur imposait la patrie, retournaient à leur charrue; les réformistes, après leur chute, restaient dans la capitale pour cabaler, comploter et s'enrichir. On n'en a point vu, comme Bélisaire, promener leurs misères et leurs vertus, ou, comme Harrisson, ne laisser, en mourant, à sa femme, que sa Bible pour héritage. Presque tous, car les exceptions sont rares, en sortant du temple de Thémis, étaient pourvus de ce qui fait que dans ce monde on se passe de tout, même de la réputation d'honnête homme et de bon citoyen. Et ces fiers et farouches républicains, qui avaient en horreur les rois, qui ne voulaient ni distinctions sociales, ni faveurs, dès qu'ils eurent fini le drame sanglant, reçurent tour à tour des titres et des dignités, et ils achetèrent leurs châteaux avec la monnaie d'or frappée à l'effigie d'un empereur et d'un roi de France.

L'Assemblée nationale avait établi un ordre constitutionnel qui pouvait amener la réforme des abus sans catastrophe. C'était, pour les hommes sages, le cercle de Popilius, hors duquel il n'y avait que guerre et désordre à espérer. Mais les réformistes, qui voyaient enclouer leur ambition dans des formes obligatoires, se révoltèrent contre un mode d'opérer qui amenait à la perfection politique sans leur laisser l'espoir ni les moyens de renverser les fortunes et le pouvoir. Leur génie provocateur éclata à la tribune, dans les journaux, sur les places publiques, et partout où l'éloquence révolutionnaire pouvait stimuler les passions. On n'avait pas encore eu l'impudence, il est vrai, de flétrir un corps délibérant au nom du peuple par des épithètes injurieuses; on n'appelait pas l'Assemblée nationale une prostituée; mais on disait qu'elle était sans énergie et sans intention patriotique; qu'elle oubliait, dans une coupable indifférence, les besoins de la patrie, et que, pour protéger les intérêts de quelques-uns, elle négligeait les intérêts de tous. « Nous rétrogradons, écrivait Mirabeau à ses commettans, et on cherche à river nos fers. »

Cependant l'Assemblée nationale allait vite, et

trop vite peut-être. Il ne se passait pas de jour qu'elle ne donnât quelques coups de massue au vieux système, et malgré sa prudente activité, on l'accusait d'aller à pas de tortue. Enfin le parti du mouvement avait pour lui le peuple, la presse périodique et le génie de la discorde qui avait volcanisé tous les esprits. Il s'éleva au-dessus des obstacles légaux, et arriva à l'anarchie. C'était là ce qu'on avait prédit et prévu, et ce qu'on ne voulut pas éviter. L'anarchie produisit son fruit; mais elle ne fut pas sans résultat pour l'intérêt du peuple. Si la France eut à supporter le déshonneur d'une banqueroute et le scandaleux spectacle de voir tomber la tête d'un roi, si elle eut à regretter le sang de quelques citoyens illustres, elle sut profiter du moment où il est permis au peuple de parler; elle profita, dis-je, de l'anarchie pour faire entendre sa voix. Je veux être maître de moi, s'écria-t-elle, et soudain on la vit s'affranchir d'une humiliante tutelle, reprendre avec ses droits le souffle de la vie politique, et se replacer au rang des nations libres.

DES RÉFORMISTES
APRÈS LA TERREUR ET LA CONVENTION.

Je n'ai pas été chronologiste ; j'ai passé de 1789 à 1794 sans signaler les temps et les époques par des souvenirs remarquables, et on concevra que je ne pouvais procéder autrement. Je suis moins historien que naturaliste ; je ne veux ni généraliser ni personnaliser, je veux caractériser une espèce d'ambitieux, la montrer dans ce qu'elle a d'essentiel et de distinctif, et par conséquent je ne dois pas m'attacher aux accidens et aux chances qu'elle éprouve. J'ai donc passé l'épouvantable gâchis de la grande révolution : seulement, pour stygmatiser ceux qui ont neutralisé et corrompu sa grande et généreuse pensée, j'ai montré comment ils ont fait pour déplacer et replacer. Il n'est pas indifférent de connaître leur conduite dans le triomphe.

La France, après la chute de son gouvernement révolutionnaire, respirait l'air de la liberté ; un horizon pur et brillant ouvrait le jour de son avenir, et tout lui présageait une longue et heureuse suite de prospérité et de gloire.

Alors les réformistes n'avaient rien à réformer ;

tout le passé avait disparu, et on avait balayé les ruines hors de l'enceinte, afin que le nouvel édifice n'eût rien de commun avec l'ancien. Ainsi les obstacles étaient aplanis et la voie de la perfection tracée; on pouvait commander au présent et fixer l'avenir, et il ne fallait ni une main de fer, ni un génie transcendant, mais un esprit prudent et sage, pour conduire le vaisseau de l'Etat. D'un autre côté, le peuple, au milieu de la tempête, avait mesuré ses forces et retrempé son caractère originaire; il savait ce qu'il pouvait contre ceux qui viendraient lui disputer son droit, et il disait à ses gouvernans : Allez, volez, je suis là. Sortis du joug qui avait si long-temps enchaîné leur génie, les Français avaient repris leur première activité. Stimulés par une louable ambition, ils cherchaient à agrandir le cercle de leur existence sociale, et à multiplier les ressources de leur industrie et de leur commerce. Ce désir du bien-être resserrait le lien de la communauté, et formait l'esprit national; les hommes devenaient plus communicatifs et plus liants, et par conséquent plus faciles à gouverner; il ne manquait rien à la patrie; elle avait des enfans dévoués et fidèles.

Eh bien! que faisaient les réformistes devenus directeurs de la France, alors que le peuple était uni par le lien de la concorde et de la paix, que les germes de toutes les prospérités publiques reprenaient leur force végétative, que l'intérêt particulier semblait se confondre avec l'intérêt général ? Que faisaient-ils, alors que nos armées victorieuses, refoulant dans leurs foyers de téméraires ennemis, leur donnaient le précieux loisir d'établir l'ordre politique sur des bases inébranlables ? Assis sur leurs chaises curules, veillaient-ils en argus aux grands intérêts de la patrie ? Cherchaient-ils à conserver le glorieux ascendant que nos armes nous avaient donné sur l'Europe ? Et dans cet océan de prospérité, au milieu de ce calme heureux, méditaient-ils le moyen de prévenir la tempête et de fixer dans l'avenir la force et la liberté ? Mais non sans doute ; entraînés par leurs habitudes naturelles, ils oubliaient la réputation du citoyen pour ne s'occuper que des passions et de l'égoïsme de l'homme ; ils faisaient leur fortune et celle de leurs parens ; ils achetaient des campagnes et des châteaux ; ils soignaient leur personne et leur santé. Devenus depuis leur élévation les hommes du plaisir et de la bonne compagnie, pour satisfaire à leurs nouveaux besoins et paraître familiarisés avec les usages du grand monde, ils mettaient à contribution tous les caprices de la mode et toutes les ressources de l'industrie ; et avec cela, point de franchise entre eux, point d'union, point de cette confiance qui étend le domaine du cœur et développe les ressources de l'intelligence. N'ayant rien à envier aux autres, ils portaient sur eux-mêmes leur propre convoitise ; ils se livraient à l'intrigue et au tripotage que fait naître dans les âmes vénales un plus ou moins d'autorité ; ils jouaient au plus fin et à qui descendra ou montera plus tôt ; et pendant ce commerce de ruse, l'Etat était pillé et volé par les subalternes du pouvoir, le trésor épuisé, nos frontières dégarnies, nos places fortes vides de soldats et de munitions, et les ennemis de la France reprenaient leur audace et mûrissaient leurs coupables desseins.

Mais tandis que les vieux roués des états-généraux, de l'Assemblée constituante, du gouvernement révolutionnaire s'occupaient de leur fortune et de leurs plaisirs, les jeunes réformistes, c'est-à-dire les intrigans en instance, établissaient leurs batteries et tiraient à boulets rouges sur l'hypocrisie démasquée. La presse, qui est la pièce d'alarme de toutes les ambitions commençantes, les servait avec une fidèle ardeur. Elle mettait au grand jour la conduite coupable des dépositaires du pouvoir, les vices de leur administration, leur indifférence pour le bien public, l'oubli de leurs devoirs. C'est alors que les conventionnels, les terroristes, les hommes du mouvement en un mot, s'écriaient du haut de la tribune qu'il fallait mettre un frein à la licence de la presse, et exterminer tous les pamphlétaires. Ces braves gens, qui avaient fait passer tant de citoyens sous les fourches caudines, ne trouvaient pas bon d'y passer à leur tour. On sent bien que les réformistes nouveau-nés ne se renfermaient pas dans les convenances de la franchise et de la loyauté, tout en adoptant le système des vieux renards de la république, en protestant qu'ils ne parlaient et n'écrivaient qu'au nom du peuple et pour le peuple. Il y avait alors, comme aujourd'hui, dans l'attaque un raffinement de scélératesse, et la polémique du ridicule était portée jusqu'à l'impertinence. Malheur à celui du directore ou du conseil des cinq-cents qui aurait eu la faiblesse de faire une ode à l'ail, ou une épître aux mules de don Miguel! Les écumeurs de la partie assiégeante l'auraient couvert des grelots de la Folie, et avec la cornemuse de Sylène et les cymbales des corybantes, ils l'auraient promené dans tous les bourgs de la France, comme les Savoyards font de leurs ours et de leurs marmottes.

La faiblesse coupable des gouvernans, le mauvais système de leur administration, leurs divisions, leur indifférence, enhardissaient leurs ennemis; les attaques étaient plus violentes, la critique plus amère, l'esprit de sarcasme et d'ironie plus sanglant. Cette polémique provocatrice échauffait les esprits et poussait la société hors de sa sphère naturelle; les émeutes s'improvisaient, les complots s'ourdissaient, la licence, sous le masque de la liberté, multipliait les dissensions et les haines. Ainsi on marchait à pas de géant encore une fois à l'anarchie, et cela parce que des réformistes, qui avaient battu d'autres réformistes, étaient attaqués par de nouveaux réformistes. Ce qui explique comment quelques milliers d'intrigans sont toujours là à propos, à l'heure, au moment, pour tourmenter, bouleverser et tromper une nation qui n'a besoin, pour se faire respecter de l'univers, que de la concorde et de la paix.

DES RÉFORMISTES SOUS NAPOLÉON.

Enfin en l'an VIII, le général Moreau, étant à Paris, alla voir le directeur du gouvernement. Il le trouva consterné de la marche faible et languissante du pouvoir; il lui avoua que tout était perdu en France, si on ne se hâtait d'organiser un mode gouvernemental plus vigoureux et dont l'action, moins divisée, fût mieux appropriée aux besoins d'un grand empire. Comprenez-vous, républicains de 1834? C'était le directeur de l'an VIII qui tenait ce langage à un général de la république; et ce général, honnête homme et bon citoyen, convaincu de la vérité de ce qu'il venait d'entendre, dit au directeur : « Bonaparte arrive d'Egypte; voilà l'homme qu'il faut à la France. » Bonaparte en effet vient à Paris; il a un entretien avec Moreau. Ils s'entendent tous les deux; Moreau marche sur le directoire et le dissout. Bonaparte est proclamé consul [1].

[1] Voyez le Mémoire justificatif du général Moreau, page 9 et 10, par Bellart, Bonnet et Pérignon.

Je n'ai pas de réflexions à faire sur cette période de l'histoire révolutionnaire, sur la facilité avec laquelle Moreau renverse un gouvernement établi, sur l'effet presque inaperçu de cette catastrophe politique : je laisse aux réformistes de notre époque à nous dire si les réformistes du directoire, du conseil des cinq-cents, du conseil des anciens, du corps-législatif, etc., etc., avaient eu un peu de cette vertu romaine qui forma tant de grands citoyens, ou bien de ce courage dont firent preuve nos aïeux, lorsque, du pied du Capitole, ils apprirent aux maîtres du monde qu'ils savaient vaincre ou mourir pour la liberté, il ne serait pas resté un peu de sang sur le pavé de la capitale avant d'arriver à ce changement inouï de la puissance souveraine.

Je continue ma narration. Bonaparte avait l'esprit pénétrant et le génie actif; il vit que les troubles et les malheurs de la France ne provenaient pas du mécontentement des masses, mais bien de la perversité de quelques intrigans qui crient, menacent et s'insurgent avec d'autant plus d'audace que le gouvernement qui les régit est faible ou immoral. Ce fut donc pour lui l'affaire d'un moment de replacer les choses comme elles devaient être. Quelque coupables que fussent les réformistes, il leur devait des ménagemens; il les ménagea. Il comprit leurs besoins, et les satisfit; il les plaça, il les enrichit, et afin que l'espèce ne se multipliât pas, il défendit à la presse périodique de s'occuper du principe gouvernemental et de l'action de sa politique. C'était, comme on voit, tout ce qu'il fallait faire pour aller; et certes, nul souverain n'alla mieux et si vite que lui.

Je veux bien croire que l'ambition fut pour quelque chose dans le désir que Bonaparte eut de régner sur le peuple français; mais ce désir ne partait pas d'un cœur égoïste, il n'était pas commandé par un intérêt exclusif: l'amour de la patrie y était pour quelque chose. Bonaparte avait trop de pénétration d'esprit, il savait trop bien apprécier les choses, pour ne pas s'être aperçu que les réformistes n'avaient encore rien fait pour le salut de la France et pour la stabilité des libertés publiques; pour n'avoir pas vu qu'ils s'étaient plutôt amusés à se disputer le pouvoir qu'à le consolider; que tous les gouvernemens qu'ils avaient si rapidement établis et renversés, n'avaient eu une existence éphémère que parce qu'ils avaient été sans force et sans principe; que le peuple enfin était fatigué de tous ces reviremens, et surtout de ceux qui en étaient cause. Pendant son séjour en Egypte, la France avait perdu le glorieux ascendant qu'elle avait obtenu pendant ces dernières années sur l'Europe; le lien social s'était affaibli; le peuple, désanchanté de son avenir, avait perdu l'espérance du *bonheur;* l'armée n'avait plus la confiance de sa force. Bonaparte avait vu, en arrivant, tout ce désordre moral, et il avait compris que pour sauver la patrie il fallait la gouverner en maître ; et c'est ce qu'il fit avec autant de génie que de courage.

Après avoir laissé quelque temps exister le vain simulacre de gouvernement républicain, il improvisa un empire qui servira long-temps de modèle à ceux qui voudront créer un pouvoir fort et vigoureux, et en même temps juste et tutélaire. Il renferma dans un sénat les réformistes de toutes les nuances, qui tous avaient consenti à son élévation; il créa une hiérarchie politique; il imposa à la France une administration morale; il centralisa le pouvoir, qui, dès-lors, n'eut qu'un moteur unique et souverain ; il fit des princes, des rois ; il édifia des royaumes sur tout le continent; enfin, il fit ce qu'il voulut, et pas un téméraire, pas un ambitieux n'osa lever la voix contre cette puissance créatrice qui renversait tout ce que les réformistes avaient fait pendant dix ans, pour élever un empire semblable à ceux d'Alexandre et de César.

Que quelques ambitions déchues, quelques folliculaires sans talens reprochent à Napoléon son despotisme; que certain député libéral vienne à la tribune exhaler contre le grand homme son ressentiment et sa colère, tout cela n'est rien ; tout cela doit mourir en naissant. Ce qui restera pour servir de preuve à la postérité, c'est l'histoire de son règne : la France puissante et partout respectée, la prospérité de ses finances, la gloire de ses armes, les produits de son industrie et de son commerce, les progrès de son agriculture, l'état florissant des sciences et des beaux-arts; des chefs-d'œuvre d'architecture et de peinture, un peuple libre et toujours heureux; enfin, toutes les merveilles que produisent le génie et la liberté.

Et, au milieu des guerres éternelles que l'empereur Napoléon était obligé de soutenir, pourquoi ce calme intérieur, ce bonheur dans la vie privée, cette abondance dans toutes les choses; cette confiance, cette union des esprits; ce peuple riche et heureux, et mille fois plus libre que ceux qui approchaient le souverain? Si on se rappelle qu'alors il n'y avait pas de réformistes, et que les journaux respectaient le pouvoir, on comprendra que cela devait être ainsi.

Cependant sous l'empire il y avait une opposition, mais une opposition décente, sage et modérée, qui éclairait le peuple sans l'irriter, qui montrait les erreurs du gouvernement sans provoquer sa susceptibilité; une opposition comme il en faut une pour obliger les gouvernans à se renfermer dans les limites de la justice et du droit. Jamais Napoléon n'aurait vu renverser son empire, jamais un téméraire réformiste, sorti des bancs de l'école ou du foyer d'un journal, n'aurait osé braver son autorité et gloser sur ses actions, s'il n'avait eu à s'occuper que de l'administration intérieure de son empire; mais les rois que la France avait humiliés, la conduite atroce des réformistes de 1793, avaient fait à la république de puissans ennemis, et ce n'était que dans les camps et par des succès qu'elle pouvait alimenter sa vie politique. Napoléon, en prenant les rênes de l'Etat, en se chargeant de toutes les erreurs et de toutes les folies du républicanisme, fut obligé de suivre cette voie périlleuse, et de soutenir sa puissance par l'esprit de conquête. C'est par cet esprit que l'on perd dans un moment ce que l'on gagne pendant une longue carrière de gloire ; et Rousseau n'a fait que rappeler une leçon de l'expérience, en disant que tout empire qui s'établit sur l'esprit de conquête périt par l'esprit de conquête. Napoléon, vainqueur de l'Europe, devait croire que toute l'Europe était son ennemie. Elle l'était en effet, et en 1814 elle le montra. Vaincu en 1813 par les élémens, il se vit tout à coup déshérité de la fortune. Soudain la haine continentale éclata ; les rois se préparèrent à la vengeance, et les réformistes reparurent. Alors on vit des légitimistes appeler Napoléon usurpateur, et des républicains le qualifier de despote. Mais ce qui fut sale et dégoûtant, ce qui nous a rendus la fable des autres nations, ce fut de voir ce troupeau de muets, qui avait parcouru pendant l'empire la carrière du servilisme courtisanesque, l'attaquer, le mordre, le repousser et s'incliner devant le roi des cinq cent mille baïonnettes.

DES RÉFORMISTES SOUS LOUIS XVIII.

Enfin Louis XVIII, intronisé par la sainte-alliance, fut salué par les réformistes de toutes les nuances, qui, comme des frelons stériles, étaient sortis d'une ruche pour entrer dans une autre. Chacun lui fit son serment de fidélité et ses protestations de dévoûment; chacun lui assura que la France le revoyait avec joie; et, afin de lui mieux faire croire ce grossier mensonge, on l'appela Louis-le-Désiré. Comme il fallait se donner un air d'importance et feindre d'être les directeurs de l'opinion, ils lui disaient : « Sire, nous connaissons le peuple, nous savons ce que veut le peuple, et comment il faut faire pour endormir le peuple. Si vous voulez, Sire, être chéri du peuple, et vous faire craindre et respecter, il faut vous conduire comme ceci et régner comme cela. » Mais Louis, qui avait vieilli dans les spéculations législatives, dit à ce troupeau de vampires : « Mes amis, pendant les dix-neuf ans de mon règne *in partibus*, j'ai médité une loi fondamentale qui embrasse tous les intérêts; je veux l'octroyer à mes sujets. » Ce mot barbare dut paraître plaisant aux citoyens de la république et aux seigneurs de l'empire. Mais ils gardèrent leur sérieux, et nous eûmes une charte octroyée.

Toutefois, dans son long pélerinage, Louis XVIII n'avait pas approfondi, comme Napoléon, l'espèce de parasites qui ronge les peuples et les gouvernemens; il crut que la nation française, qui n'est ni turbulente ni malintentionnée, ne renfermait pas dans son sein de ces hommes qui, mécontens de leur sort et jaloux de toutes les prospérités contemporaines, cherchent à bouleverser le présent pour profiter des chances de l'avenir. Il s'oublia au point de commencer son règne par des actes de générosité et de tolérance, non pas envers le peuple, qui certes n'avait pas besoin de ses faveurs; mais envers les réformistes. Il leur laissa le champ libre, et leur permit de faire de la politique et de l'opposition; enfin, tout ce qu'on fait ordinairement lorsqu'on veut renverser un gouvernement. Cependant Louis XVIII avait de l'esprit, et un fonds de sagesse qui devait lui faire prévoir les conséquences d'une conduite trop franche et trop généreuse envers les perfides ennemis de tous les pouvoirs déchus. S'il désirait le bien de la France, s'il voulait consolider les libertés publiques, il ne devait pas se livrer, pieds et poings liés, à ceux qui se jouent des destinées des peuples et des rois. En méditant en homme d'Etat sur sa position, il aurait dû dire : « J'ai franchi les bords de l'Océan par la grâce de Dieu et le secours de la sainte-alliance ; je rentre en France comme un soldat russe ou prussien ; je ne dois rien qu'à mes alliés. » Et il devait dire cela sans préventions et sans ressentiment contre la nation française. Il n'ignorait pas que l'intervalle qui le séparait de nous était immense, et marqué par des événemens qui rendaient son retour presque impossible. Un revirement universel s'était opéré dans les choses et dans les hommes : la vieille génération était presque toute décimée ; la nouvelle ne le connaissait pas, et par conséquent elle ne pouvait le regarder, comme l'a dit Manuel, qu'avec indifférence. Partant de cette vérité, il devait dire aux Français : « Je suis ici par le droit de conquête, je veux régner en conquérant. Le temps vous apprendra si je suis digne d'être roi. » Mais non, la crainte, la pusillanimité, et je ne sais quelle prétention de faire du libéralisme, le forcèrent à faire des concessions, et à traiter avec ceux qui, depuis 1789, avaient le monopole du pouvoir. Avec cette inconséquence, il faut joindre celle de publier sa charte. Ce fut, à mon avis, un hors-d'œuvre politique qu'il aurait dû laisser dans ses cartons. Ce fut dans cette charte que, du reste, personne ne lui demandait, que les réformistes trouvèrent un aliment pour leur ambition ; c'est en vertu du droit de publier leurs opinions qu'on les vit de nouveau se multiplier, s'enrégimenter, se diviser en catégories, créer des journaux, répandre des libelles, et enfin travailler et instrumenter le peuple, qui depuis long-temps les avait oubliés. Napoléon avait fait un code; il avait formé une administration forte; il avait répandu l'énergie et la vigueur sur toutes les ramifications du pouvoir. Louis avait trouvé le chemin tracé; il devait le suivre, et il était sauvé. Sans doute ce roi avait de la force et de l'élasticité d'esprit, de la justesse dans les vues, et un génie appréciateur capable de comprendre son siècle : il était plus en état de régner que Louis XVI, et surtout que Charles X. Mais, quelque dépouillé qu'il fût de son éducation routinière, il était encore dominé par certains préjugés héréditaires. Croire que les peuples sont les ennemis des rois, alors même que les rois font le bonheur de leurs peuples; s'occuper moins d'eux que d'une secte ou d'un parti, furent deux grandes erreurs de son éducation. Gouverner par un système de bascule, prendre un jour l'homme de la veille, et un autre jour l'homme du lendemain, fut aussi une de ses faiblesses. Si Louis XVIII eût suivi une ligne droite, quelle qu'elle fût, il aurait sauvé sa dynastie. Ce louvoiement, cette marche incertaine, ce soin de s'envelopper dans le mysticisme d'une politique sans caractère, lui firent beaucoup d'ennemis parmi les siens, et multiplièrent le nombre des réformistes. C'est alors que l'on vit la presse périodique développer ses moyens d'attaque, et les diverses oppositions diriger contre le gouvernement tous les traits de leurs plumes ambitieuses. Je veux croire, avec M. Brougham [1], qu'en Angleterre la polémique que les partis exercent contre les dépositaires du pouvoir, leurs furieuses attaques, les malignes épigrammes, les mauvais sarcasmes dont ils les gratifient, ne peuvent les atteindre lorsque leur conduite est franche et loyale. Mais en France le ridicule tue tout, et les disputes des partis finissent toujours par des catastrophes. Louis XVIII aurait dû se ressouvenir du machiavélisme révolutionnaire, et ne faire rien que pour la France et pour son trône. Il voulut faire le grand et le généreux envers ceux qui exploitaient la liberté de la presse avec une merveilleuse habileté; il fut réduit à quitter son royaume, et à demander à ses alliés un million de baïonnettes, pour combattre une poignée de réformistes qui l'avaient détrôné.

[1] Chancelier d'Angleterre.

LES RÉFORMISTES

DANS LES CENT JOURS.

Si Napoléon avait bien compris la haine que les rois de l'Europe avaient contre lui, et leur résolution de l'éloigner à jamais de tout gouvernement politique, il ne serait pas sorti de son île. Il voulut aller à Paris : il y alla, et cela, avec les honneurs du triomphe et de l'enthousiasme populaire. Que firent, dans cette circonstance, les réformistes ? Le ciel était sombre, et les nuages qui le couvraient ne permettaient pas de s'orienter facilement. Il fallait bien méditer, bien mesurer sa conduite, pour pouvoir se trouver à fleur d'eau lorsque la fortune aurait décidé. Ici le cas était extraordinaire : il ne s'agissait pas de ces guerres de parti qui, dans les temps d'anarchie, élèvent un gouvernement un jour et le renversent l'autre, sans pour cela que la réputation des ambitieux se trouve compromise. Les deux extrêmes étaient en présence : il s'agissait de vingt rois ligués et de Napoléon qui allaient se mesurer et se combattre, et d'une victoire qui devait assurer une longue domination au vainqueur. Dans un moment aussi solennel, de jeunes imprudens auraient arboré une couleur, de courageux républicains auraient proclamé une opinion et des principes : les vieux renards du réformisme se dirent : Le moment est critique, la crise s'opère ; louvoyons jusqu'à la fin du paroxisme ; et, en effet, ils firent les indifférens et les désintéressés, et cherchèrent, par toutes sortes de ruses, à se rendre incompréhensibles et insaisissables. Napoléon les connaissait ; mais, soit nécessité, soit la confiance que le génie a dans sa force et dans sa supériorité, il crut pouvoir s'en servir sans danger. Il leur ordonna donc de modifier la loi fondamentale dans l'intérêt de la révolution. Sans doute ce fut là une faute ; mais Napoléon avait ses vieux soldats autour de lui, et il pouvait espérer, lorsque la victoire l'aurait secondé, de remettre les choses et les hommes à leur place. Il partit donc courir les hasards dans les champs de la Belgique. On sait avec quelle ardeur intéressée les rois de la sainte-alliance épousèrent la cause de Louis. Dans leur première invasion, ils n'avaient marché qu'avec crainte et respect sur le territoire de leurs vainqueurs. Alors ils ignoraient les secrets de l'Etat, les plans de campagne, les ressources infinies du génie puissant qui avait si long-temps dominé leurs destinées ; cette fois ils savaient tout. Escortés par des traîtres et des perfides qui leur épargnaient la peine de vaincre, ils venaient à nous avec cette confiance audacieuse que donne la trahison, et que de lâches manœuvres encouragent. Enfin on sait ce qui en arriva, et comment il se fit qu'au moment où Napoléon se croyait sûr de la victoire, il se vit en pleine déroute. Ce sont de ces choses que l'on ne dit pas souvent, parce que, lorsqu'on les dit, le cœur se serre et le rouge monte à la figure.

Dès qu'on sut à Paris le dénoûment tragique de Waterloo, les vieux réformistes sortirent de leurs caves, les jeunes se répandirent dans les salons comme les sauterelles dans les champs. Toutes les médiocrités, toutes les pauvretés politiques s'émancipèrent. On vit de petits avocats, de très-petits journalistes et une infinité d'animalcules littéraires, crier, aboyer contre le grand homme; et ce qui fit pitié, on vit de nouveaux parvenus, des hommes du moment, refuser quelques millions pour relever les armes de celui qui, pendant dix ans, avait réuni toutes les richesses de l'Europe dans son empire. Mais, tandis que la race d'ambitieux élevaient jusqu'au ciel leurs cris de victoire, le peuple gardait le silence, et ce silence est un hommage que la postérité saura apprécier.

DES RÉFORMISTES

APRÈS LE RETOUR DE GAND.

La sainte-alliance arriva à Paris tambour battant, mèche allumée. Elle traita la France en pays conquis; elle prit nos bronzes, nos statues, nos tableaux, notre argent. Les réformistes pouvaient faire d'énergiques représentations, et plaider une cause qui était celle de tous les peuples vendus et trahis; mais le réformiste est un animal qui ne parle pas lorsqu'il craint. Il se voyait entouré de baïonnettes féodales, de lances de Cosaques, de sabres de Prussiens; il n'en fallait pas tant pour lui faire abandonner les richesses de la nation à la rapacité de nos ennemis.

Si les malheurs et les disgrâces pouvaient corriger les hommes, sans doute ceux que les Bourbons éprouvèrent dans cette seconde chute les auraient rendus plus raisonnables. Quelle leçon!!! Rien ne s'émeut, rien ne s'ébranle dans leur fuite; pas un Français ne prend les armes pour les défendre. La joie de les perdre semble remplacer la douleur de les avoir supportés; et cette indifférence, ce cruel oubli d'une nation généreuse et dévouée aux grandes infortunes, n'éclairent point Louis! Il ne voit pas qu'il n'a pas compris les besoins de son peuple, que sa conduite inégale a fait renaître les craintes et les préventions que huit siècles de despotisme n'avaient que trop justifiées. Le voyage de Gand comprenait toute une histoire, et cependant il ne servit à rien, si ce n'est de resserrer, de rendre plus opiniâtre un esprit que le malheur aurait dû dilater et assouplir. Louis se laissa donc entraîner à ses penchans héréditaires; il ne changea ni ses principes ni sa politique; la loi des élections ne fut point modifiée dans l'intérêt populaire; on déclara une guerre ouverte au génie dominateur de la révolution; le vieux peuple eut des avantages et des préférences; le haut clergé imposa son influence au gouvernement; les jésuites s'infusèrent dans l'université et dirigèrent l'instruction publique : de sorte qu'à la mort de Louis l'Etat était dans l'Eglise, et le despotisme aristocratique dans l'Etat; et, chose étonnante, ni les nobles ni les prêtres n'étaient contens.

La générosité de Louis XVIII pour les hommes de la république, ses préférences pour la vieille noblesse, l'influence funeste que sa politique exerçait sur les intérêts moraux de la nation, le perdirent dans l'esprit du peuple, et ne lui firent pas un ami parmi les ambitieux de sa cour. A l'aide de je ne sais quel libéralisme mal entendu et d'une liberté mal comprise, le désir de la domination devint, sous son règne, licencieux et téméraire. On vit tous les partis se dessiner et paraître avec audace; toutes les ambitions se croiser et se combattre. Les coteries se formèrent, l'esprit d'intrigue fit naître parmi les courtisans une guerre de passion et d'intérêt; c'était à qui serait plus tôt ministre ou ambassadeur, plus tôt sinécuriste ou pensionnaire de l'Etat; enfin c'était le débordement de l'égoïsme. Et la presse périodique, qui est la fille à tout le monde, servait toutes ces iniquités, tout en disant : Je suis la plus importante et la plus précieuse de toutes les libertés publiques.

DES RÉFORMISTES SOUS CHARLES X.

Lorsque Machiavel écrivait que les familles héréditaires n'avaient besoin, pour se soutenir sur le trône, que de maintenir les choses telles qu'elles les trouvaient, il s'adressait à des princes qui avaient sous leur domination des peuples nourris dans l'habitude de l'esclavage. Si ce grand publiciste eût vécu au milieu de nos sociétés modernes, il aurait pensé autrement.

Les peuples qui marchent dans la voie du progrès social sont exigeans et difficiles. Jaloux des conquêtes qu'ils font tous les jours sur l'ignorance et la barbarie, ils n'acceptent les conditions du passé que tout autant que la raison les approuve, et si ceux qui les gouvernent ne suivent pas le mouvement que les lumières impriment aux esprits, si leur sagesse ne seconde pas le grand œuvre de l'émancipation politique, ils ne doivent pas s'attendre à être aimés. Louis XVIII comprit mal cette vérité : il brouilla, il détrempa toute la révolution et tout l'empire pour former un gouvernement modèle, et il ne laissa à son successeur que la désaffection du peuple et des millions d'intrigans à nourrir ou à combattre. Charles X fut une incapacité royale et rien de plus. A son avénement au trône, une nécessité politique lui commandait de faire un peu du Louis XIV ou du Cromwell. Il est vrai que pour imiter ces heureux criminels, pour mettre un parlement à la porte, ou, un fouet à la main, en forcer un autre à consentir un édit royal, il fallait avoir du caractère et du génie, et Charles n'avait rien qu'une vertu sans courage. Toutefois, avec de bons conseillers, il aurait pu allonger l'agonie de la vieille royauté; mais des hommes à catégorie, dominés par d'orgueilleuses préventions, et plus amoureux du passé que du présent, ne pouvaient pas semer dans le conseil des idées grandes et généreuses, et provoquer les sacrifices que commandaient les circonstances. Ainsi la dynastie de la branche aînée devait mourir d'inanition et d'impuissance, et par les vices et les préjugés dont elle avait été plus d'une fois la victime.

Toutefois, qu'on se représente Charles X dans le manoir royal, livré à toutes les incapacités politiques de son royaume et passant sa vie avec les encroûtés du féodalisme, et on concevra combien le métier de réformiste dut être, sous son règne, heureux et prospère.

DE LA RÉVOLUTION DE JUILLET,

ET DES RÉFORMISTES DE 1834.

J'ai assisté au lever des trois soleils de juillet; j'ai vu les balles royales se croiser avec les balles populaires, et le sang français ruisseler sur le pavé brûlant de la grande cité. Entraîné par un ascendant dominateur dans les rues, sur les places publiques et partout où j'entendais le bruit du canon, j'étais là pour apprécier, au thermomètre de la vérité, les choses et les hommes, et pour juger dans quel esprit et pour quel principe on se battait. Plus occupé de la cause que de ses effets, je cherchais dans le camp de la révolution des hommes à la tâche et à la journée, des ouvriers de Laffitte, des soldats de La Fayette, et partout je ne vis que des citoyens qui travaillaient pour la cause commune, et qui avaient mission de faire ce qu'ils faisaient [1].

Après le triomphe, chaque parti a pu parler de la révolution de juillet selon ses passions et ses intérêts; chacun a pu dire qu'elle a été le fruit de criminelles combinaisons; mais quiconque a vu ces masses exaltées, les merveilles de leurs tra-

---

[1] M. le comte de Peyronnet a dit de fort bonnes choses sur la souveraineté du peuple, mais il n'a pas résolu le problème. Certainement la souveraineté du peuple, comme principe gouvernemental, est une chimère; mais on ne peut contester au peuple une volonté souveraine qui se manifeste par l'opinion, et qui s'exécute seulement lorsque les gouvernemens sont trop absurdes ou trop tyranniques. Le peuple est la cause de la puissance et du pouvoir; rien donc ne doit se faire dans le peuple que par le peuple et pour le peuple. Lorsque ceux qui gouvernent s'éloignent trop ouvertement de ce principe, le peuple, par un coup qui est aussi prompt que l'éclair, les fait rentrer dans le néant; et comme il ne peut s'administrer lui-même, il laisse aux plus habiles la liberté de reconstituer l'ordre politique. Dans ce cas, on ne peut pas dire que le peuple n'a pas agi souverainement et dans toute l'étendue de son droit. Les Grecs se soulevèrent sous Pisistrate; les Romains, sous les Tarquins; les Suisses, sous la maison d'Autriche; et aucun publiciste, que je sache, n'a dit que ces peuples avaient agi sans pouvoir et sans droit.

vaux, les ressources de leur génie, leurs attaques ingénieuses, leurs vigoureuses résistances ; quiconque a pu admirer cette force de courage, ce sang-froid dans l'action, cette témérité à braver les dangers, dira : La France avait ordonné le combat, et le peuple se battait pour elle.

Depuis cette grande époque, la malveillance a cherché à dénaturer la vérité ; mais la vérité est immuable. Elle surnage les ondulations des siècles, et se place au milieu des temps pour éclairer les peuples et les rois.

En 1830, l'opinion nationale se prononça d'une manière souveraine ; voilà pourquoi le mouvement fut universel, et le revirement prompt et sans secousses. Lorsque, dans une péripétie politique, il n'y a pas de résistance populaire, la nation consent, et le droit s'unit à la force pour renverser le régime insupportable. Alors aussi les plus grandes choses, les choses les plus extraordinaires s'opèrent avec facilité et bonheur ; la France eut dans peu de temps trois millions de milice citoyenne ; elle vit son armée renouvelée, son administration changée, ses libertés garanties, ses droits assurés ; elle n'eut plus à craindre les préjugés et les abus des anciennes doctrines, ni les priviléges des croyances, ni l'enchaînement de la pensée philosophique. Le gouvernement du roi, pouvant tout faire alors pour assurer sa durée et sa puissance, fit tout, et pas un mot de mécontentement, pas le plus léger murmure ne se firent entendre. Les carlistes, qui ne reprirent la voix que lorsque la foudre populaire fut éteinte, calomnient maintenant la révolution de juillet. Ils nient sa véritable origine; mais l'histoire est là pour leur apprendre que cette révolution est l'œuvre des hommes de la restauration. Ce sont eux qui, en détournant le fleuve du progrès, en neutralisant l'influence des lumières, en opposant de criminelles résistances à la force ascendante de la raison publique, provoquèrent l'animadversion du peuple contre une dynastie qui, sans doute, n'eut d'autre crime à se reprocher que d'avoir oublié plus d'une fois qu'on n'est plus roi de France par la grâce de Dieu.

Mais si, d'un côté, les carlistes calomnient la révolution de juillet, de l'autre, les républicains se plaignent de ses résultats. Ils nous manifestent leurs mécontentemens; ils nous éclairent sur leurs vues ambitieuses. Ce n'était pas pour un roi ni pour des courtisans qu'ils travaillaient, c'était, disent-ils, pour la république, et surtout pour les républicains. Bien, on conçoit; il est dur de voir que le fruit de nos œuvres retourne à autrui, de voir que ce soit nous qui portions le bât, lorsqu'on croyait le faire porter aux autres. Mais qu'ont-ils fait les républicains en 1830? Qu'étaient-ils capables de faire, si le peuple n'eût souri au signal du combat et justifié par sa présence la démolition de la vieille royauté? Je dis plus, y avait-il des républicains à la révolution de juillet? où était leur drapeau? quel était leur chef? La Fayette, qui avait vu le passé et qui fut honnête homme, repoussant un système qui compromettait le repos de la France, voulut qu'une royauté nouvelle commençât l'ère de 1830, et son front vénérable s'inclina devant l'héritier de la puissance populaire. Je veux croire que le parti du mouvement jeta la première étincelle; mais les tirailleurs ne font pas l'armée, et leurs premiers coups de fusil ne décident pas de la victoire. Quelques hommes courageux que j'appellerai, si l'on veut, républicains, formèrent l'avant-garde; mais lorsqu'ils marchaient en avant, la France ébranlée courait aux armes, et allait elle-même résilier le contrat que des ministres téméraires avaient osé violer. Ainsi à chacun ses œuvres : le peuple, fatigué d'une royauté et d'un pouvoir qui ne pouvait pas le comprendre, a fait seul la révolution de juillet. Sa souveraineté, qui n'est qu'un incident toujours marqué par l'anarchie, a réagi sur le présent pour se créer un autre avenir. Personne ne peut donc disputer au peuple sa victoire, et encore moins lui contester une volonté qui n'en est pas moins souveraine et légitime, quand même elle ne se manifeste que dans le dernier accès du désespoir.

Maintenant les carlistes et les républicains, sous le nom de réformistes, déclarent une guerre d'ambition à la dynastie de juillet et à son gouvernement. Ils ont soin de cacher leurs vues intéressées sous la gaze du patriotisme : C'est pour la France, c'est pour le peuple, disent-ils, qu'ils ont jeté le gant. Il me semble pourtant qu'une nation qui vit dans la paix et dans l'abondance, une nation où la justice et les droits s'exercent ouvertement et sans contrainte, où les libertés ne sont suspendues pour le citoyen que lorsque les devoirs qu'elles imposent sont par lui méconnus; il me semble, dis-je, que cette nation n'est ni esclave ni malheureuse; mais tout cela ne suffit pas aux réformistes. Il leur faut des assemblées nationales, des assemblées provinciales, des fédérations, des sociétés populaires, des crieurs publics, des franchises, des libertés et des droits plus étendus, c'est-à-dire les mêmes choses qui enfantèrent 1793, qui firent naître et mourir successivement vingt gouvernemens révolutionnaires, et nécessitèrent le despotisme militaire. A cela, voici ce que j'ai à répondre : Je crois avoir démontré que les réformistes sont des animalcules turbulens, connus dans tous les pays du monde, et principalement chez les peuples qui vivent en république ou sous un gouvernement constitutionnel; que, dans la grande division des races humaines, ils forment une tribu distincte qui, participant de l'être raisonnable et de la brute, a son instinct et sa raison, ses passions et ses besoins, ses penchans et ses habitudes. J'ai fait voir avec quelle adresse l'individu de cette tribu fait jouer les ressorts de sa double intelligence pour assouvir sa bestialité et son égoïsme; les différentes modifications qui s'opèrent dans les divers âges de sa vie; sa facilité de varier, de changer, de s'assouplir selon les circonstances; le talent avec lequel il devient tantôt grand, tantôt petit, tantôt audacieux, tantôt pusillanime et lâche, selon que le temps est calme ou orageux; les tours de force qu'il exécute, et à l'aide desquels, franchissant tous les obstacles, il se met au-dessus des événemens et se fait dans le monde un état confortable et digne d'envie; enfin, je l'ai peint tel que je l'ai vu dans nos orages révolutionnaires et dans nos dissensions civiles, et ma conscience n'a pas à me reprocher d'avoir altéré la vérité. Si les réformistes de 1834 ne veulent pas qu'on les assimile à l'espèce que je viens de signaler, ils doivent ne pas affecter d'écrire, de penser et d'agir comme elle; et afin de détruire les fâcheuses préventions de la ressemblance, il faut qu'ils changent le mode de leur polémique, qu'ils paraissent moins haineux, moins passionnés, en un mot moins révolutionnaires. Il y a et il doit toujours y avoir chez un peuple libre une opposition de principe et de conviction qui est utile à la nation, et que la nation encourage et protége; mais cette opposition doit se renfermer dans les bornes de la vérité et du droit, et s'exprimer avec décence et dignité. Elle ne doit pas exhumer le passé pour flétrir le présent, défigurer l'histoire des événemens pour la rendre odieuse, chercher dans les feuilles étrangères des argumens pour se défendre, jeter le blâme et le ridicule sur les actions du monarque, afin de lui enlever la confiance de son peuple.

Lorsque nous ne verrons plus ce tripotage scandaleux de ruse, de calomnie et de mauvaise foi que la presse périodique reproduit chaque jour à nos yeux, nous croirons que les oppositions sont devenues morales, et nous chanterons un vivat pour les réformistes de 1834.

FIN.

TABLE DES MATIÈRES.

	Pages
Réflexions préliminaires	1
Ce que veulent les réformistes	14
Classification des réformistes	19
Manière de reconnaître un réformiste	25
Des réformistes après la terreur	32
Des réformistes sous Napoléon	37
Des réformistes sous Louis XVIII	43
Des réformistes dans les cent jours	48
Des réformistes après le retour de Gand	51
Des réformistes sous Charles X	53
De la révolution de juillet, et des réformistes de 1834	55

IMPRIMERIE DE P. BAUDOUIN,
RUE ET HÔTEL MIGNON, 2.

www.ingramcontent.com/pod-product-compliance
Lightning Source LLC
LaVergne TN
LVHW051506090426
835512LV00010B/2382